les *Bitumeuses*

Delphine GUILLONNEAU

Éditions ART ET COMÉDIE
2, rue des Tanneries
75013 PARIS

« LES BITUMEUSES »

créée le 23 août 2007 à la Comédie Bastille
Mise en scène de Rodolphe Sand

Avec

Marion Game . . . . Jenny
Claudine Barjol . . . . Maryline
Line Michel . . . . Rita
Xavier Fagnon . . . . Michel/Victor

Note de l'auteur

Après un diplôme de journaliste en poche, Delphine Guillonneau s'est lancée comme comédienne et comme auteur. Elle a co-écrit plusieurs spectacles comiques et « Les bitumeuses » est sa première pièce en solo.

« Les bitumeuses » est venue d'une envie de revoir sur scène des comédiennes d'un certain âge. En effet, le théâtre actuel donne les beaux rôles aux hommes ou aux jeunes. Les femmes mûres sont rarement servies par de beaux personnages.

Personnages

RITA : Patronne du bar le Saint-Sauveur. A épousé le patron du bar. Ancienne prostituée. La cinquantaine.

JEANNE dite **JENNY** : Femme au foyer, mariée à un entrepreneur du bâtiment, ancienne prostituée. La cinquantaine.

MARYLINE : Prostituée. La cinquantaine.

MICHEL : Ancien mac, fraîchement sorti de prison. La soixantaine.

VICTOR : Inspecteur de police, la soixantaine.

Note : Michel et Victor sont joués par le même comédien.

Décor : Un bar de quartier à l'ancienne.

RITA *(à un client, près de la porte d'entrée du bar)* - Bonne nuit Gérard! Oui, oui, c'est ça, à demain! *(Maugréant.)* Oh! celui-là, toujours à attendre qu'on le foute à la porte! Il me fatigue! Un vrai puits sans fond. Pour rien au monde j'accepterais son foie en greffe. Plutôt crever! *(À son mari, dans une pièce à côté.)* Hein, Georges? Tu dors? *(Pas de réponse.)* Ouais, il dort, comme d'hab', et ça ne va pas s'arranger malheureusement... *(Elle ferme la porte d'entrée à clé, se dirige vers le bar, allume la radio et commence à nettoyer les verres et le comptoir. Puis, à elle-même plus qu'à son mari.)* Hein, mon Georges, on pourrait pas se mettre au vert? On l'a bien mérité, non? Depuis le temps qu'on trime et puis toi qu'es au bout, là, en fin de parcours, rongé aux poumons, tu n'aurais pas envie qu'on s'autorise un peu de verdure, un peu de ciel bleu? Je larguerais bien tout pour un petit bout de terrain, pas loin de la mer, tu vois. Un endroit où on entendrait juste les oiseaux et les chats sauvages. Ça me changerait des piliers de bar et des brèves de comptoir. Hein, mon Georges? On va mourir comme on a vécu : dans la fumée de gauloises et les vapeurs d'alcool bon marché. Georges? *(Elle sort dans la cuisine puis revient. D'abord en off puis sur scène.)* Oui, c'est vrai, mon pauvre malheureux, comme on devient! Ça me déprime de te voir dans cet état. J'espère que Caro va venir te voir ce weekend. Il n'y en aura sûrement pas beaucoup d'autres... Ouais, un peu de verdure, un peu de ciel bleu, ça ne nous ferait pas

7

de mal… C'est ça qu'il nous faut… *(On entend frapper à la porte. C'est une femme assez élégamment vêtue.)* C'est fermé ! *(La femme insiste et frappe à nouveau à la porte d'entrée.)* Je vous dis que c'est fermé, bordel de merde ! Vous pensez que je bosse pas assez ou quoi ?!

JENNY *(off)* - Rita, ouvre, bon sang !

RITA *(intriguée, se dirigeant vers la porte)* - Qui c'est ? Qu'est-ce que vous me voulez ?

JENNY *(off)* - Rita, ouvre, enfin ! C'est moi !

Rita finit par ouvrir la porte et Jenny entre dans le bar.

RITA - Je peux savoir ce que vous me voulez à cette heure-ci ? Bonsoir madame, je suis désolée mais la maison est fermée. Et puis, c'est pas un endroit pour quelqu'un comme vous.

JENNY - Mais Rita, t'as la cataracte ou quoi ? C'est moi !

Rita dévisage Jenny sans la reconnaître.

RITA - Madame, vous devez vous tromper de personne et c'est pas un quartier pour vous ici ! *(Réalisant.)* Comment vous connaissez mon prénom, d'abord ?

JENNY - Mais Rita, c'est moi, Jeanne, enfin Jenny… Tu ne me reconnais pas ?

RITA - On s'est connues à l'école ?

JENNY - À l'école ?! Sur le trottoir, oui ! Tu rigoles ou quoi ? J'ai changé à ce point-là ? Je suis Jenny. Jenny « la chaude galette bretonne ». *(Elle chante vaguement.)* « Les bitumeuses ! On y va au charbon, on n'est pas paresseuses pour toucher le pompon ! »

Rita - Non ! C'est pas vrai ?! Jenny ! La vache ! Qu'est-ce que tu fais là ? Ça fait des siècles !

Elles s'embrassent affectueusement.

Jenny - Au moins quinze ans, non ? C'est sûr, ça fait un bail.

Rita - Je ne t'avais pas reconnue ! T'as changé carrément de style, dis donc. Tu fais dans le haut de gamme maintenant ?

Jenny - J'ai arrêté il y a un moment…

Rita - Comme moi mais, au lit ou au comptoir, c'est les mêmes têtes de cons !

Jenny - J'imagine… C'est quand même mieux, non ?

Rita - Disons que c'est différent… Je t'offre un verre ? Un petit blanc comme au bon vieux temps ?

Jenny - Je ne bois que très rarement maintenant.

Rita - Ne fais pas ta bourgeoise, Jenny !

Jenny - Jeanne. J'ai repris mon vrai prénom.

Rita - O.K., Jeanne, si tu veux ! Alors, je te sers ?

Jenny - Merci Rita.

Rita sert deux verres et Jenny boit le sien d'une traite.

Rita - Tu fais quoi alors maintenant ?

Jenny - Je me suis mariée avec Jacques, je ne sais pas si tu te souviens de lui, un ancien client…

Rita - Ouais, je me souviens bien. T'es pas la seule à l'avoir connu, fillette… C'est une histoire qui dure, alors ?

JENNY - Écoute, oui, il m'adore, on a une jolie maison pas très loin de Paris et on a trois enfants : deux garçons, une fille. Pour l'aîné de seize ans, François, je ne suis pas sûre à cent pour cent mais lui, il l'est, c'est le principal !!!

RITA - Je suis d'accord : on n'est pas obligé de toujours tout savoir de l'autre dans les moindres détails pour bien l'aimer ! Et puis, c'est lui qui l'élève et c'est ce qui compte le plus !

JENNY - C'est entièrement vrai ! Et toi ? Toujours avec le Sénégalais ?

RITA - Ah non ! Penses-tu, ça fait longtemps que je ne suis plus avec le trépied !

JENNY - Il portait bien son surnom celui-là ! *(Elle rit.)* Moi aussi, je l'ai bien connu !

RITA - Il s'est fait descendre pour une histoire de came il y a au moins dix ans. Non, moi, j'ai épousé ce bon vieux Georges ! *(À Georges.)* Eh, Georges, devine qui vient nous rendre une petite visite ! *(À Jenny.)* Excuse-le mais il passe son temps à roupiller, il est très mal en point, tu sais, j'ai bien peur que ça sente le sapin très fort.

JENNY - Qu'est-ce qu'il a ?

RITA - Cancer des poumons.

JENNY - Je suis désolée. Un bon bonhomme ce Georges. Jamais une parole ou un geste déplacé avec les femmes.

RITA - C'est vraiment une maladie de merde !

JENNY - Parce que tu crois qu'il y a des maladies sympas ?

Rita - Non, mais il en existe de pires que d'autres quand même au niveau de la souffrance et de l'espérance de vie… Je ne le reconnais pas mon Georges, lui si costaud, si grande gueule… Il est vraiment diminué. Il a perdu quinze kilos, c'est l'ombre de lui-même…

Jenny - Pauvre Georges… Quel âge ça lui fait ?

Rita - Soixante-quinze ! Tu sais, c'est lui qui m'a sortie de ce merdier et il a même adopté ma fille Caroline. Elle l'adore ! C'est son gros papa d'amour, comme elle l'appelle. Ça va être très dur pour elle quand il va passer l'arme à gauche. Encore plus que pour moi… J'appréhende un peu…

Jenny - Normal ma Rita ! Ce n'est jamais facile à vivre ce genre de chose…Tu sais, ça me fait vraiment plaisir de te revoir !!! (*Elle embrasse à nouveau Rita chaleureusement.*)

Rita - Mais dis donc, qu'est-ce que tu viens foutre à Paname toute seule à cette heure-ci ? C'est pas juste pour revoir une ex-collègue de trottoir, quand même ?

Jenny - Ben, tu dois bien le savoir, non ?

Rita - Je ne te le demanderais pas si je le savais, ma poule !

Jenny - La lettre.

Rita - Quelle lettre ?

Jenny - La lettre de Michel.

Rita - Michel qui ?

Jenny - Le Boiteux.

Rita - C'est quoi ce bordel ? Il est en taule le Boiteux !

Jenny - Il est sorti.

Rita - Je croyais qu'il s'était pris quinze ans ?

Jenny - Ben, oui…

Rita - Le temps passe trop vite.

Jenny - C'est sûr, oui…

Rita - Et alors ? C'est quoi cette foutue lettre ?

Jenny - Il m'a donné rendez-vous ici. En gros, si on ne se retrouvait pas ici maintenant toutes les trois, il nous balançait direct.

Rita - Putain, ça doit être Georges qu'a ramassé le courrier. Je vais voir dans la cuisine. *(Elle sort dans la cuisine.)*

Jenny, seule, se ressert un verre, boit une gorgée, sort son portable et compose un numéro.

Jenny - Allô ! Mon chéri, dis à papa de sortir une pizza du congèle et ne m'attendez pas, je vais rentrer tard. Je passe la soirée avec des vieilles copines de fac de… sciences naturelles ! (…) Eh bien, oui, mon chéri, tu vois, je suis allée à la fac. Pas longtemps, mais bon… Elle est étonnante ta petite maman, hein, mon chéri ? (…) Je t'embrasse mon grand. À demain ! *(Elle raccroche.)*

Rita revient avec un paquet de lettres.

Jenny - Alors ?

Rita *(triant le courrier)* - Alors, alors… Facture, pub, facture… Ah ! lettre perso à mon attention ! *(Elle ouvre et lit.)* « Rendez-vous le 10 à vingt heures dans ton rade pourri avec les autres pouffiasses sinon j'ai la mémoire qui va revenir d'un coup et adieu ta petite vie tranquille. Michel. » Toujours aussi charmant, le Boiteux. Putain, il est sorti, l'enflure. Il a aussi dû donner rendez-vous à Maryline, tu crois pas ?

Jenny - J'imagine… Qui d'autre ?

Rita - Ouais, je n'aime pas ça. Qu'est-ce qu'il nous veut après tout ce temps ? Et comment il nous a retrouvées depuis son trou ?

Jenny - La taule, c'est mieux que le « 118 mes fesses » ! Un vrai bureau de renseignements !

Rita - Tu l'as revue Maryline ?

Jenny - Non, et toi ?

Rita - Non plus. Je m'en veux un peu de ne pas être restée en contact avec vous deux…

Jenny - C'est la vie, ça, Rita… Des gens qui viennent, qui repartent, comme les mycoses !

Rita - Arrête de nous trouver des excuses… La vérité c'est qu'on a changé de vie et qu'on était bien contentes de mettre notre passé de côté.

Jenny - Tu crois qu'elle a changé de vie la Maryline ?

Ça frappe à la porte d'entrée. Entre une femme d'une cinquantaine d'années, d'aspect vulgaire.

Rita - Quand on parle du loup… *(Elle va lui ouvrir.)* Ah ! salut Maryline !

Maryline *(lui fait une bise rapide tout en parlant)* **-** Il fait une chaleur !!! Sale temps pour les bêtes grasses, comme on dit chez moi ! Et c'est quoi ce merdier ? Je l'avais presque oublié cet enfoiré. Tu peux me servir un demi, Rita ? J'ai soif !!!

13

JENNY - Oui, nous aussi on est contentes de te revoir, Maryline.

MARYLINE - Excusez-moi les filles, c'est l'émotion. *(À Jenny.)* T'es bien pimpante en tout cas !

JENNY - C'est la gym. J'y vais trois fois par semaine avec mes copines du Lion's Club ! C'est chic, non : le Lion's Club !!!

RITA - C'est pour rugir de plaisir !

MARYLINE - Ouais, ben, moi aussi je continue la gym tous les jours avec ces messieurs, ça n'empêche que les kilos ils restent. Le gras surtout ! *(Montrant ses bourrelets.)* Je ne risque pas de me noyer avec des bouées pareilles !

JENNY - Tu n'as pas décroché ?

MARYLINE - Je n'ai pas trouvé le pigeon qu'a bien voulu m'épouser ! Je n'ai pas eu votre chance !

JENNY - Ce n'est pas un pigeon, je l'aime, ça n'a rien à voir !

MARYLINE - Bien sûr, oui…

JENNY - On a trois beaux enfants, il est gentil avec moi et il me laisse libre.

MARYLINE - C'est bien ce que je dis : tu as trouvé le bon pigeon !

RITA - Oh ! Maryline, tu te calmes, on n'est pas là pour s'agresser ! Tu la veux ta bière, oui ou non ?

MARYLINE - Ouais. Désolée mais je viens de me faire arnaquer par un jeunot et je n'aime pas ça. Même pas le respect de l'âge le petit con ! Si je le revois dans le coin, il aura droit à une circoncision gratuite avec les dents, crois-moi !

JENNY - Je vois que rien n'a changé…

MARYLINE - Où t'as vu que les hommes changeaient, toi ?

JENNY - Ils ne sont pas tous à mettre dans le même panier…

MARYLINE - Ceux que je côtoie, si ! Désolée de te faire tomber de ton petit nuage rose bonbon !

RITA - Elle est passée où la gentille Maryline, naïve et fleur bleue ?

MARYLINE - Elle se noie dans le houblon…

RITA - T'as bien morflé, on dirait…

MARYLINE - Je ne peux pas dire le contraire… Je vous envie, les poulettes… Entre nous, j'ai pas mérité cette vie de merde…

JENNY - Qui mérite de souffrir ? Personne !

MARYLINE - Ah ! si ! Je peux te dire que j'en connais qui méritent la torture pour tout le mal qu'ils font ! La ligature des bourses devrait être autorisée pour tous les tarés sexuels !

JENNY - Je ne suis pas pour « œil pour œil, dent pour dent » ! Je n'ai jamais aimé les films de Charles Bronson à cause de ça, par exemple ! Le justicier solitaire, très peu pour moi…

MARYLINE - J'aurais bien aimé un Charles Bronson de temps en temps pour me sortir de la panade même si je suis plutôt Clint Eastwood. C'est plus la classe !

JENNY - Alain Delon…

MARYLINE - Belmondo…

RITA - Ouais, tous ceux qui n'ont pas été vos clients, en somme !!!

JENNY - Détrompe-toi…

MARYLINE - N'importe quoi ! Lequel ?

JENNY - Aucun de ceux-là, mais j'ai eu un président de la République…

RITA - Française ?

JENNY - Non, d'Afrique, mais bon, quand même ! Ce n'est pas rien…

MARYLINE - Je suis dégoûtée, je n'ai pas eu une seule vraie célébrité en trente ans de carrière !

RITA - Ouais, comme dit si bien Georges : « La vie c'est pas juste, la vie c'est une belle salope ! »

MARYLINE - Sacré philosophe le Georges ! Comment il va, d'ailleurs ?

RITA - Pas fort…

MARYLINE - Qu'est-ce qu'il a ?

RITA - Cancer des poumons.

MARYLINE - La vache ! Ça c'est dur ! Chic type, pourtant… Moi aussi, j'ai eu un cancer…

RITA - Un cancer de quoi ? C'était quand ?

JENNY - T'es guérie ?

MARYLINE - Du sein. Il y a cinq ans. Ouais, a priori, je croise les doigts mais je suis sortie d'affaire et j'ai pu garder mes nibards. Heureusement ! Tu me vois avec deux cicatrices à la place des nichons ? J'avais plus qu'à fermer boutique ou me spécialiser dans le pervers. En même temps, c'est déjà un

16

peu ma spécialisation « à l'insu de mon plein gré », comme dirait Virenque!!!

JENNY - C'est qui Virenque?

MARYLINE - T'es toujours aussi nulle en sport, toi!

RITA - C'est un ancien coureur cycliste.

JENNY - Je ne comprends quand même pas la blague.

MARYLINE - Tant pis, je ne vais pas te l'expliquer. Tu n'as qu'à te cultiver, ma biche!

JENNY - Heureusement que la culture ne se limite pas au vélo!

MARYLINE *(touchant ses seins)* **-** Bref, je suis bien contente d'avoir garder mes petits potes!

RITA - Comment tu as fait pour les soins?

MARYLINE - J'ai tapé dans mes économies. Au revoir la petite maison de mes rêves! C'est pas à vous que je vais apprendre ça : j'ai le devoir de payer des impôts mais j'ai pas le droit à la Sécu! Les sales hypocrites, j'te jure! Je ne vote plus, ça me dégoûte! Pas un pour rattraper l'autre!

RITA - C'est sûr qu'entre le nain qui fait du footing et Blanche-Neige en serre-tête, le choix n'était pas fameux!

JENNY - On a déjà échappé au pitbull borgne, c'est déjà ça!

MARYLINE - Ouais, mais il a engendré « n'a qu'un œil », alors méfiance!

RITA - De toute façon, la politique, c'est pour les nantis!

JENNY - Ou pour les très très pauvres!

MARYLINE *(le poing levé, un peu ridicule)* **-** Révolution ! Bon, sur ces bonnes paroles, j'aimerais bien savoir ce qu'il nous prépare le Boiteux.

JENNY - Moi, je pencherais pour du chantage…

RITA - Ça pue les emmerdes en tout cas…

MARYLINE - Comme si je n'en avais pas assez ! Ressers-moi une mousse, Rita !

JENNY - Tu ne peux pas rester sobre avant de savoir ce qui nous attend ?

MARYLINE - La sobriété c'est pour les riches !

JENNY - Ça ne veut rien dire !

MARYLINE - Lâche-moi, Jenny ! Je me comprends…

JENNY - Jeanne.

MARYLINE - Ça change quoi le prénom ? Pute un jour, pute toujours ! S'ils inventaient une Barbie pute, ils la feraient à ton image !

RITA - Ça va bien maintenant ! Faut qu'on soit solidaires si on veut s'en sortir. Elles sont où les bitumeuses ?

MARYLINE - Elles ne sont plus les bitumeuses, elles sont mortes il y a quinze ans… Il n'y en a plus qu'une qu'est toujours sur le bitume maintenant, alors arrête avec la nostalgie à deux francs.

JENNY - Tu n'avais qu'à te bouger le cul autrement que dans un pieu !

MARYLINE - Je peux aussi t'en mettre une, Nadine de Rothschild !

Rita - Stop! Ça suffit! Qu'est-ce qu'il fabrique?

Jenny - Si ça se trouve, il n'est même pas sorti et on flippe pour rien…

Maryline - Faut pas rêver! Quand je pense que j'ai été amoureuse de cette ordure!!!

Jenny - On peut dire que tu savais les choisir!

Rita - On s'est aussi fait avoir au début, j'te rappelle…

Maryline - Il n'a pas eu l'enfance la plus heureuse du monde non plus! Il a quelques circonstances atténuantes…

Rita - Tu crois que j'ai été gâtée avec mon enfance à la DASS?

Maryline - Je dis juste que ce n'est pas qu'un sale type… Il avait aussi ses bons côtés…

Jenny - Je ne vois pas bien lesquels…

Maryline - Il pouvait être tendre, à sa façon…

Balance de lumière. Maryline et Michel le Boiteux dansent sur un vieux slow. Plusieurs années auparavant…

Michel - Alors ma poule, t'as bien bossé aujourd'hui?

Maryline - Oui, t'es content?

Michel - Un peu que je suis content; si tu pouvais ramener autant d'oseille tous les jours, je t'emmènerais en vacances!

Maryline - Tu m'emmènerais où?

Michel - Je sais pas… Qu'est-ce qui te ferait plaisir?

Maryline - Un bel hôtel avec une chambre qui donne sur la mer… Et un bain à remous.

MICHEL - Ça doit pouvoir se faire.

MARYLINE - Dis, Michel, qu'est-ce qui t'est arrivé à la jambe ?

MICHEL - C'est quand j'étais môme à Marseille. Je bossais pour les Tribiani et je me suis pris une balle pendant un règlement de compte. Je ne suis même pas allé à l'hosto, ils m'ont enlevé la balle avec des tenailles et m'ont désinfecté au bourbon, comme dans les films ! Évidemment, c'est pas un vrai doc qui m'a soigné, c'est pour ça que j'ai ma patte folle !

MARYLINE - T'avais quel âge ?

MICHEL - Quatorze, quinze ans. Je m'étais barré de chez mes parents… Mon vieux, il me montrait son affection à coups de ceinturon !

MARYLINE - Un peu comme toi des fois !

MICHEL - T'es pas drôle, là. Moi, c'est mérité quand ça arrive ! Je ne frappe pas par plaisir mais faut bien se faire respecter sinon c'est l'anarchie !

MARYLINE - Ça t'arrive d'y aller un peu fort, quand même !

MICHEL - C'est parce que je t'aime et que je n'ai pas envie que tu fasses n'importe quoi.

MARYLINE - T'aimerais pas avoir un enfant ?

MICHEL - J'aurais trop peur d'être comme mon père ! Et puis, on ne peut pas dire que je sois l'exemple du siècle pour un môme !

MARYLINE - Tu n'es pas le pire des hommes, tu sais…

MICHEL - Ouais… Je sais que je suis pas toujours très tendre, ma poulette, mais on m'a jamais appris la tendresse, moi, alors je sais pas toujours bien m'y prendre… C'est par le coup de boule que j'me fais respecter !

MARYLINE - T'as pas envie de faire autre chose, des fois ?

MICHEL - J'aurais aimé être un chanteur disco !

MARYLINE - Comme Cloclo ?!

MICHEL - Ouais, le costard à paillettes, ça m'a toujours fait bander !

Silence.

MARYLINE - Tu m'emmèneras voir la mer, alors ?

MICHEL - On commencera par Berck-Plage. En attendant, faut que tu retournes sur le bitume, ma poulette ! J'ai besoin de flouze pour te payer ton bain à bulles !

Balance de lumière. Fin de la musique. Retour au présent avec les trois femmes. Arrêt de la musique de fond.

JENNY - Bon, on fait quoi en attendant ?

RITA - Je serais d'avis qu'on se mette d'accord sur la version de l'affaire avant qu'il arrive, non ?

MARYLINE - Je suis d'accord.

RITA - Bon, déjà, il s'est fait serrer à cause de nous mais ça, il ne doit jamais le savoir même si je suis sûre qu'il a de sérieux doutes. Il n'est pas juste con, quand même !

JENNY - Si jamais il sait que Jacques est mon mari, je suis foutue ! Il va comprendre l'arnaque.

RITA - Il y a des chances qu'il le sache si tu as reçu la lettre chez toi, ma cocotte…

JENNY - Merde !

MARYLINE - Tu crois qu'il a toujours le magot quelque part ?

RITA - Le connaissant, il y a des chances, oui.

JENNY - Moi, je m'en fous de l'argent, j'en ai suffisamment grâce à Jacques. Je veux juste garder ma vie telle qu'elle est et je n'ai pas envie que mes mômes soient au courant de cette période.

RITA - Même s'il n'y avait pas de preuves directes contre nous, il ne nous a jamais balancées ! Heureusement qu'il a son code de l'honneur à la con. Je ne vois pas pourquoi il le ferait maintenant !

MARYLINE - On peut au moins lui reconnaître ça…

JENNY - C'est vrai mais vous oubliez quand même que l'arnaque de base, on l'a montée tous les quatre et qu'on n'a pas vu grand-chose des bénéfices !

RITA - Il nous a entubées pendant un bon moment et il allait continuer si on n'avait pas décidé de le coincer.

MARYLINE - Personnellement, ça n'a pas amélioré ma vie…

RITA - On ne pouvait pas le savoir ! Et puis, tu t'attendais à quoi ? À devenir la reine des Belges ?

MARYLINE - Pourquoi des Belges ?

RITA - Je ne sais pas, ça m'est venu comme ça… Tu voudrais être reine de quoi ?

MARYLINE - Princesse de Monaco, ça me plairait bien. *(Elle fait le geste.)* En haut de mon rocher, je ferais négligemment des coucous aux pauvres !

JENNY - Ils n'ont pas de pauvres à Monaco.

MARYLINE - Ben, je dirais juste bonjour alors !

RITA - C'est dommage quand j'y repense, on avait mis au point une belle arnaque !

> *Balance de lumière. On retrouve Rita, Maryline, Jenny et Michel. Sur le trottoir (convention), quinze ans avant.*

JENNY *(à un spectateur)* **-** Eh, chéri, un peu de bonheur ? C'est l'happy hour entre dix-huit et vingt heures aujourd'hui ! Deux passes pour le prix d'une ! Soit tu viens avec un pote, soit je te fais un avoir pour une prochaine fois ! *(Pas de réponse de l'intéressé.)* C'est ça, va voir ta femme !

MICHEL - Maryline, fais-moi le résumé de ce qu'on vient de mettre au point. Si t'as compris, c'est bon, tout le monde a compris.

MARYLINE - Je ne suis pas si bête que ça !

MICHEL - Mais non, tu es très intelligente, tu as ce que j'appelle une intelligence très physique, ma poule !

MARYLINE - C'est gentil ça.

JENNY - Je ne suis pas sûre…

MICHEL - Ferme-la, toi !

JENNY - Oh ! tu ne me parles pas comme ça sinon je vais te faire entendre les sirènes du port d'Alexandrie !

MICHEL *(à Maryline)* - Tu lui as dit pour Cloclo?

MARYLINE - Fallait pas?

MICHEL *(s'apprêtant à la gifler)* - Tu perds rien pour attendre!

MARYLINE *(la main sur la joue)* - Attention! Mon capital travail, Michel!

JENNY *(à Michel)* - Je te rappelle que sur ce coup, on est associés et tu n'es pas juste mon mac, « le chanteur malheureux »!

MICHEL - T'arrêtes avec ça maintenant!

RITA - Bon, Maryline : résumé!

MARYLINE - Alors… Dans nos clients, on doit dégoter le pigeon marié et friqué, et relever ses coordonnées. Ensuite, Michel nous filme de dos pendant la petite affaire du client en question et va directement chez lui le faire chanter. Le mec crache au bassinet et on se partage l'argent. On le fait chanter une seule et unique fois.

MICHEL - Je suis impressionné, ma poule! Maintenant il s'agit d'assurer. De la marchandise comme vous, je peux en trouver ailleurs et de la plus fraîche, c'est clair?

JENNY, MARYLINE et RITA - Oui, Michel.

MICHEL - Je viens dans deux heures pour relever les compteurs! *(Il sort.)*

RITA *(à un spectateur)* - Eh, jeune homme, ça te dit de monter avec une femme d'expérience? Tu seras pas déçu! J'ai gagné le concours de la fille la plus consciencieuse du quartier, attribué par un jury d'habitués! Alors?… Tu as quatorze ans? Reviens me voir quand tu auras des poils!

MARYLINE *(à un spectateur)* - Eh, mon coco, ça te dit une petite virée dans mon deux-pièces de charme ? Poutres apparentes et tout et tout !… Dis donc, je t'en mettrais, moi, de « ta gueule vieille pute » ! Tu t'es vu avec tes un mètre zéro deux et ta chemise à fleurs ?!

RITA *(à Jenny)* - Laisse tomber, c'est un mauvais payeur !

JENNY *(à Rita et Maryline)* - Vous avez fait combien ?

MARYLINE - Même pas un SMIC…

RITA - Deux clients depuis ce matin. J'ai mal aux jambes, je fais de la rétention d'eau.

JENNY - C'est pas la fête du slip ! Ils sont tous avec bobonne au camping des Mouettes !

> *Balance de lumière. Retour au présent avec les trois femmes. Le téléphone du Saint-Sauveur retentit. Rita décroche.*

RITA - Le Saint-Sauveur, j'écoute. (…) Ouais, ouais, t'inquiète, on va pas partir sans savoir ce que tu nous veux, on a hâte de savoir… *(Elle raccroche.)* C'est lui, il arrive dans cinq, dix minutes.

MARYLINE - Je reprendrais bien une mousse, moi ! *(À Jenny.)* Quoi ?

JENNY - Rien, tu es une grande fille, t'es même une grande vieille fille maintenant. Parfois, je me demande pourquoi on nous appelle des filles de joie. Quand on te regarde, on se dit que c'est forcément un homme qu'a trouvé la formule !

RITA - Jenny, ce n'est vraiment pas sympa ce genre de sortie !

25

MARYLINE - Je sais que je suis abîmée et que c'est trop tard pour changer les choses alors n'en rajoute pas. Me fous pas ton tailleur de femme de ministre à la tronche, Jenny !

JENNY - Excuse-moi, je vais t'accompagner. Un verre de blanc et un demi, Rita, s'il te plaît ! C'est ma tournée. Tu veux quoi, toi ?

RITA - Tu rigoles ? C'est la maison qui offre, ce soir ! Malgré les circonstances, je suis heureuse de vous retrouver, les filles. Aux bitumeuses !

JENNY et MARYLINE - Aux bitumeuses ! *(Elles trinquent.)*

RITA - Ça ne nous rajeunit pas… Je me ferais bien tirer la tronche si j'en avais les moyens pour moins ressembler à une pomme cuite…

JENNY - Je l'ai déjà fait… La totale : liposuccion, lifting, botox… Une vraie poupée gonflable ! Sauf que je fais toujours mon âge et que j'ai toujours de plus en plus de mal à lever la jambe. Même la gym, ça ne suffit pas !

MARYLINE - Moi, je suis restée assez souple… Faut dire que j'ai de l'entraînement par rapport à vous…

RITA - Ouais… De ce côté-là, je ne me sens plus bonne à rien… Plus envie…

JENNY - Tu déconnes ?

RITA - Non, ça se compte en années maintenant ! C'est tout ou rien avec moi !

MARYLINE - En ce qui me concerne, si ça pouvait se compter ne serait-ce qu'en heures, ça me ferait du bien ! *(À Jenny.)* En tout cas, ça a été bien fait ton tirage de tronche parce que ça ne se voit pas !

JENNY - Ça ne se voit pas comment ? Ça ne se voit pas parce que je fais toujours vieille ou parce que ça a été bien fait ?

MARYLINE - Euh… je ne sais pas trop en fait… Et sinon, tu fais quoi de tes journées dans ta banlieue, la bourgeoise ?

JENNY - O.K., j'ai compris… Je fais du shopping, des dîners, je vais au club de sport avec les copines et je trompe Jacques avec mon jeune coach sportif martiniquais mais c'est juste de l'entretien, rien de plus. J'aime Jacques. Promis, juré, craché !

MARYLINE - Finalement, tu n'as pas tant changé que ça.

JENNY - Pourquoi tu dis ça ?

MARYLINE - Tu as toujours les mêmes priorités : les fringues, la bouffe et le sexe.

JENNY - Pas tout à fait : ma priorité absolue, c'est ma famille.

MARYLINE - T'as raison. Moi, je n'ai personne. J'ai juste mon gros Zach.

JENNY - Il est toujours vivant ton psychopathe de chat ?

MARYLINE - Dix-sept ans ! Il est adorable avec moi, le roi du ronron et des poils qui tombent ! Une usine à poils, ce chat, j'te dis ! Il va me manquer quand il va partir.

JENNY - Dix-sept ans ! Dix fois sept, soixante-dix. Sept fois sept, quarante-neuf. Soixante-dix plus quarante-neuf, ça fait cent dix-neuf ans, il devrait plus faire de vieux os ! Il a déjà bien vécu !

MARYLINE - T'es vraiment une teigne ! Tu ne l'as jamais aimé de toute façon, c'est pour ça qu'il était agressif avec toi !

RITA - Il attaquait tout le monde, Maryline, arrête ton char, tu le sais bien !

MARYLINE - Ouais, ben, j'ai la faiblesse de croire que c'est le seul être au monde qui m'aime vraiment telle que je suis…

RITA - Et ton fils ?

MARYLINE - Mon fils, ça fait longtemps qu'il s'est barré et qu'il ne veut plus me voir. Je sais juste qu'il a une vie pépère et qu'il s'est marié. Il a honte de moi, de ce que je fais… Et je ne peux pas changer ça…

JENNY - Et nous ? Nous, on t'aime !

MARYLINE - Ça fait quinze ans que tu ne m'as pas passé un coup de fil, ne dis pas n'importe quoi sinon je vais te griffer !!! *(Elle imite le feulement du chat en colère et l'accompagne d'un geste de la main.)*

JENNY - T'as raison, vous m'avez manqué mais je voulais tirer un trait sur ma vie d'avant. Il n'y a que Jacques qui sait tout. Je ne sais pas ce qu'il se passerait si mes enfants et mes copines connaissaient la vérité…

MARYLINE - Tu serais dans la merde, ma chérie… Les gens, ils ont juste des beaux discours sur la tolérance la plupart du temps…

RITA - Moi, je n'ai pas d'excuses… Je ne sais pas pourquoi j'ai pas essayé de vous revoir. On se laisse porter par le quotidien… Mais toi non plus, Maryline, t'as rien fait pour rester en contact !

MARYLINE - Plusieurs fois, je suis passée devant ton troquet et je ne suis pas entrée, je ne sais pas pourquoi, j'ai pas d'explication. Je ne me sentais pas à ma place peut-être…

RITA - Ne dis pas de conneries !

JENNY - Il a fallu que le Boiteux nous réunisse à nouveau…

RITA - Pour le meilleur ou pour le pire ?

On frappe à la porte d'entrée du Saint-Sauveur. C'est Michel.

JENNY - J'ai ma petite idée…

Rita va ouvrir la porte à Michel.

MICHEL *(à Rita)* - Salut ma poule ! Je vois que je ne suis pas le seul à avoir pris un coup de vieux !

RITA - Je ne suis plus ta poule alors rentre et vomis vite ce que tu as à dire !

MICHEL - Tu vas vite baisser d'un ton, O.K. ? *(À Jenny et Maryline.)* Salut les poulettes ! Eh, Jenny, qu'est-ce qui t'arrive ? Tu ressembles presque à une vraie dame !

JENNY - Qu'est-ce que tu veux ?

MICHEL - C'est comme ça qu'on accueille un vieux pote de trente ans qui a passé ces quinze dernières années au frais ?

RITA - Ben, ouais…

MARYLINE - Salut Michel !

MICHEL - En voilà au moins une qui a un minimum de reconnaissance ! Je vous rappelle que je suis tombé pour une affaire qui vous concernait de près, mesdames !!!

JENNY - Tu n'étais pas obligé de buter un flic en essayant de t'enfuir…

MICHEL - Fais la maligne, toi… C'était lui ou moi et j'ai pas eu le temps de me poser dix mille questions!!!

RITA - Tu veux boire un godet?

MICHEL - Voilà, j'aime mieux ça! La même chose que d'habitude, ma Rita!

RITA - Un JB sans glace, ça marche! Et vous les filles?

JENNY - Moi, c'est bon, merci.

MARYLINE - Vas-y! Ce n'est pas un verre de plus qui va faire la différence!

Rita sert Michel et Maryline.

MICHEL - Bon, on arrête les bavardages. J'imagine que vous savez pourquoi je vous ai envoyé cette petite convocation?

RITA - Pas vraiment…

MICHEL - C'est ça, ouais… Je ne vous ai pas données car j'ai un minimum d'honneur et, de toute façon, ça m'aurait pas apporté beaucoup de mois de taule en moins vu que vous ne valez pas grand-chose comme monnaie d'échange. Mais j'ai eu le temps de cogiter et je ne comprenais pas comment les flics pouvaient m'attendre chez le pigeon ce jour-là. Mon problème, c'est que le pigeon en question était un client régulier qui vous avait déjà demandées toutes les trois… Vous voyez où je veux en venir?

JENNY - Tu crois qu'on t'a balancé?

Michel - Vous le savez mieux que moi…

Rita - Et pourquoi on t'aurait balancé alors qu'on faisait partie de l'arnaque ?

Michel - Le fric, le fric que je ne vous ai pas filé… Je ne suis pas complètement idiot…

Jenny - Ah oui ? Il y a du fric que tu nous as pas filé ?

Michel - Joue pas à la conne avec moi, tu veux !

Rita - O.K., imaginons qu'on t'ait balancé pour le fric. On ne sait même pas où il est, je ne vois pas quel était notre intérêt ?

Michel - La vengeance et vous vous débarrassiez de votre mac préféré par la même occasion ! Ce que je ne comprenais pas au début, c'était l'implication du pigeon, mais en faisant mes recherches, j'ai compris… Hein, Jenny ?

Jenny - Jeanne.

Michel - Ouais, Jeanne Bourdin, madame Jacques Bourdin…

Jenny - Qu'est-ce que tu veux ?

Michel - Je veux savoir si vous êtes toutes les trois dans le coup.

Jenny - Ça change quoi ?

Michel - Ça change que s'il n'y a que toi, je ne pourrirai pas forcément la vie des autres. Je ne suis pas comme ça !

Jenny - Ce n'est pas parce que j'ai épousé Jacques que j'y suis pour quelque chose !

31

Michel - Arrêtez vos conneries, sinon je pourrais m'énerver et tu sais ce qui se passe Maryline quand je suis en colère ? Ton doigt de pied s'en souvient ?

Maryline - Très bien, oui, il est dans un bocal de formol sur la cheminée…

Michel - Il a besoin d'un petit frère pour pas s'ennuyer ?

Maryline - Non, ça ira…

Rita - Bon, ça va. T'attends quoi ?

Michel - Je vous laisse quarante-huit heures pour réfléchir à la situation. Toi, Maryline, tu vas aller me chercher mon petit pactole. T'as pas intérêt à me doubler, je t'attendrai chez toi. Au moindre faux pas, je tue ton con de chat et je m'arrange pour que tu ne puisses plus jamais gagner un centime ! Déjà que tu dois plus gagner grand-chose… *(À Rita et Maryline.)* Et vous deux, à titre d'information, j'ai bien étudié l'emploi du temps de vos mômes… Un accident est si vite arrivé de nos jours…

Rita - Tu fais quoi que ce soit et tu finis cul-de-jatte !

Jenny - J't'achèterai une planche à roulettes que tu pousseras avec tes petites mains !

Michel - Je plaisante pas, j'ai plus rien à perdre.

Maryline - Et alors ? Tu peux pas y aller tout seul chercher ton oseille ?

Michel - Discute pas, j'te dis ! J'ai les poulets qui me collent au cul.

Jenny - Ça m'étonnerait que les flics s'intéressent à un petit mac dans ton genre.

MICHEL - J'ai rencontré des pointures en taule qui me font confiance pour quelques petites tâches, figure-toi. Ça ne m'étonnerait pas que je sois surveillé. Et puis, c'est pas tes oignons !

RITA - Tu n'es qu'un gros mytho, le Boiteux !

Michel colle une grosse baffe à Rita.

MARYLINE - Arrête, Michel… Je vais aller chercher ton fric.

MICHEL - Rendez-vous dans deux jours, ici, même heure. Et pas de conneries ! *(Très sombre, en mimant le chien qui se fait écraser par une voiture.)* Vous connaissez l'histoire de Paf le chien : c'est un chien qui traverse la rue et paf ! le chien ! *(Il sort.)*

Silence des trois femmes.

JENNY - Quoi qu'il arrive, je suis baisée… C'est pas la peine de vous dénoncer aussi.

RITA - C'est hors de question que tu plonges toute seule. T'es d'accord, Maryline ?

MARYLINE - Ouais !

JENNY - Les filles, je ne sais pas si j'aurais fait ça pour vous.

RITA - On ne le saura jamais…

MARYLINE - Qu'est-ce qu'on peut faire ?

RITA - On va réfléchir chacune de notre côté aux différentes options possibles et on se voit demain soir ici, d'accord ?

Signes d'acquiescement de Jenny et Maryline.
Noir.

On retrouve Rita derrière son comptoir en train de faire ses comptes.

RITA - Débit, crédit… Ouep, ben, c'est pas florissant le commerce… Eh, Georges! Mauvais mois… J'en ai plein le crâne… Les comptes, ça m'a toujours posé un problème… *(Le téléphone sonne. Elle répond.)* Le Saint-Sauveur, j'écoute. (…) Quoi? (…) Calme-toi, je ne comprends rien à ce que tu me racontes… (…) Non! T'as pas fait ça?! (…) Bon, viens ici comme prévu et on va voir avec Jenny, elle ne devrait pas tarder. *(Elle raccroche.)* Quelle merde! Mon dieu mais quelle merde!… Georges! Georges! *(Elle jette un œil dans la cuisine. Il est complètement assoupi.)* Je ne peux vraiment plus compter sur toi, mon pauvre vieux! J'ai besoin d'un petit remontant, moi! *(Elle se sert un verre et boit cul sec. Elle fait les cent pas dans son bistrot, elle est inquiète. Elle se prend la tête dans les mains. Le téléphone sonne. Elle se précipite pour répondre.)* Le Saint-Sauveur, j'écoute. (…) Ah! c'est toi Caro! (…) Si, si, bien sûr que je suis contente de t'entendre, mais excuse-moi chérie, je n'ai pas le temps de te parler. (…) Tu viens ce week-end? Super ma biche. Georges a hâte de te voir… (…) Non, ça va pas fort… (…) Toujours pareil, quoi… (…) À samedi. Bisous! *(Elle raccroche et regarde sa montre.)* Qu'est-ce qu'elle fout?

Entre Jenny, essoufflée.

JENNY - Désolée, j'ai raté mon train. Tout le monde est là?

RITA - Tu vois bien que non!

JENNY - Ils pourraient être aux toilettes ou je ne sais où!

RITA - Ouais, ben, c'est pas le cas.

JENNY - Ça fait deux jours que je ne dors pas, que je n'arrête pas de ressasser cette histoire et de chercher une solution pour m'en sortir sans vous mettre dedans Maryline et toi.

RITA - C'est la tuile, Jenny.

JENNY - Jeanne !

RITA - Tu fais chier, Jenny, c'est pas le moment.

JENNY - Je sais que c'est la tuile et je suis un peu plus mal placée que vous deux !

RITA - Tu crois ?

JENNY - Pourquoi tu dis ça ?

RITA - Maryline…

JENNY - Quoi Maryline ?

RITA - Je viens de l'avoir au téléphone. Elle n'a pas voulu parler clairement mais c'est la panique et c'est du lourd !

JENNY - Du lourd comment ? Elle t'a dit quoi exactement ?

RITA - « Georges va bientôt rejoindre le Boiteux… »

JENNY - Tu comprends comme moi ?

RITA - J'en ai bien peur, oui… Écoute, on va pas se monter la tête, on va l'attendre et on verra à ce moment-là.

JENNY - Tu crois qu'elle l'a… C'est pas sympa, hein, mais si c'est ça, ça m'arrangerait presque…

RITA - Là, tu touches le fond de la mesquinerie, Jenny…

JENNY - Je disais juste ça comme ça…

Rita - Ouais, mais évite ce genre de réflexion devant Maryline.

Jenny - Pour qui tu me prends ?!

Rita - Tu te souviens du jour où tu m'as piqué un client en lui disant que j'étais bourrée d'herpès ?

Jenny - Attends ! Non ! Je n'ai jamais fait ça !

Rita - Tu mens mal ! Reconnais-le, au moins. T'inquiète pas, il y a prescription.

Jenny - Ouais, c'est vrai, j'étais jeune et j'ai été bien punie parce que c'était un porc de chez porc ce mec : il m'avait demandé de grogner comme une truie et je te passe les détails !

Rita - Bien fait !

Jenny - Ça m'a servi de leçon, je n'ai plus jamais fait ce genre de plan à personne après ça !

Rita - Tu ne l'avais pas refilé à Marylou en lui disant qu'il était super réglo ?

Jenny - Si…

Rita - Tu parles que ça t'a servi de leçon !!!

Arrivée en trombe de Maryline.

Maryline - Je suis finie… Je suis finie… Une bière, s'il te plaît, Rita !

Rita sert un verre à Maryline.

Jenny - Calme-toi et raconte.

RITA - On va se serrer les coudes, ma poulette !

MARYLINE - Qu'est-ce que j'ai fait ? Qu'est-ce que j'ai fait ?

JENNY - Respire !

MARYLINE - C'est horrible ! C'est horrible !

RITA - Tu comptes tout répéter deux fois pendant combien de temps exactement ?

MARYLINE - Pardon ! Pardon ! Je l'ai buté, les filles ! J'ai tué le Boiteux !

JENNY - Mais qu'est-ce qui s'est passé ?

MARYLINE - Quand je lui ai ramené son fric, il était chez moi, avachi sur le canapé. Il a commencé à me chercher, il voulait me baiser, je me suis débattue et j'ai beau être une pute, un viol c'est un viol. Il m'a filé un coup de poing, on s'est battus, j'ai attrapé un couteau dans la cuisine et je l'ai planté. Il a saigné comme un bœuf, il a tout sali mon tapis vache…

RITA - Il est mort sur le coup ?

MARYLINE - Assez vite et son dernier mot a été « salope » !

JENNY - T'as fait quoi du corps ?

MARYLINE - Rien. J'ai appelé Rita, j'ai tout laissé en plan et je suis venue directement.

JENNY - J'y crois pas !!! Il va se faire bouffer la rate par ton chat !

RITA - Et le fric ?

MARYLINE - Sur la table du salon !

37

JENNY - Il y a combien ?

MARYLINE - Je ne sais pas ! C'est important vu la situation ?

JENNY - Je demandais, c'est tout… Me dis pas que tu n'as pas compté ?

MARYLINE - Six cent mille environ…

JENNY - Le rat ! Il a eu ce qu'il méritait !

MARYLINE - Tu ne disais pas : « je ne suis pas pour "œil pour œil, dent pour dent" » ?

JENNY - Je n'ai rien fait, j'émets un avis, rien de plus !

RITA - On appelle la police ? C'est de la légitime défense après tout !

JENNY - Il est mort depuis une heure, elle a plein de fric chez elle, un mac qui sort de prison poignardé et elle est pute ! Tu vois un peu le C.V. ! Je ne sais pas si elle a toutes les chances de son côté vu la scoumoune qu'elle traîne depuis qu'elle est née !

MARYLINE - Oh ! ça va, je ne suis pas Cosette non plus !

RITA - J'ai bien peur qu'elle ait raison…

MARYLINE - Mais qu'est-ce que je vais faire ? Je n'ai pas de jardin, je vais pas le jeter dans une poubelle ; avec leur truc d'A.D.N., ils vont savoir que c'est moi s'ils le retrouvent. Je vais finir ma vie en taule et goudou par la même occasion !

RITA - Pourquoi goudou ?

MARYLINE - Vingt ans de taule, c'est un peu long et je ne suis pas finie de ce côté-là alors faudra bien que je me mette aux nanas si je ne veux pas terminer bonne sœur !

RITA - Tu penses à des trucs, toi…

JENNY - Jacques est dans le bâtiment…

MARYLINE - Je suis bien contente pour lui !

RITA - Où tu veux en venir ?

JENNY - Il est sur un chantier en ce moment…

RITA - Tu veux le mouiller à ça ?

JENNY - S'il faut, oui.

MARYLINE - C'est trop risqué !

JENNY - T'as pas trop le choix, j'ai l'impression !

RITA - C'est quoi ton idée ? Parce que tu as une idée, non ?

JENNY - Le couler dans le béton… J'ai vu ça dans une série anglaise.

MARYLINE - Si tu as vu ça c'est qu'ils ont découvert le corps.

JENNY - C'est que de la fiction ! Qui va aller creuser dans les fondations d'un hospice pour vieux ?

RITA - Personne, c'est clair.

JENNY - Alors ?

MARYLINE - Moi, je suis prête à prendre le risque mais pourquoi vous faites ça pour moi ?

JENNY - La thune… Toi… La thune…

RITA - La justice… Toi… La thune…

MARYLINE - Merci les poulettes ! Mais il y a juste un problème pour la thune…

JENNY - Comment ça ?

MARYLINE - C'est des francs !

RITA - Et alors ? Ce ne sont pas des billets numérotés ou je ne sais quoi, on ne risque rien ! Tu ne crois quand même pas que les pigeons ils ont fait marquer leurs billets sortis de leur Codevi par les flics ?!

MARYLINE - Non mais tu te vois débarquer à la Banque de France avec six cent mille balles pour demander des euros ?!

JENNY - En plus, je crois que c'est trop tard !

RITA - Même mort, il nous fait chier !!!

JENNY - Merde !

MARYLINE - Vous laissez tomber ?

RITA - Non !

JENNY - Finalement, on va faire tout ça pour toi !

MARYLINE - Tu veux quoi en retour ?

JENNY - Rien ! Ça t'épate, hein ?

MARYLINE - La vérité ? Oui, un peu.

JENNY - Ah ! tu vois que je peux être désintéressée ! En plus, je suis sûre qu'il y a une solution pour avoir ce fric en euros… Je sais pas laquelle mais je trouverai !

RITA - Comment on s'y prend pour le bétonnage du Boiteux ?

JENNY - J'en parle à Jacques. S'il est d'accord – et il le sera parce que c'est moi et qu'il ferait tout pour moi, il l'a déjà prouvé par le passé – cette nuit on va chez Maryline, on

40

emmène le corps. Toi, Maryline, tu briques tout à fond et toi, Rita, tu prends le fric et tu le mets ici dans ton coffre-fort. Tu es la plus honnête de nous trois.

MARYLINE - Merci pour moi !

JENNY - Écoute, même à la fin d'une passe, elle rendait la monnaie !

MARYLINE - O.K., d'accord.

JENNY - Ensuite, Jacques et moi on va sur le chantier, on le coule dans le béton et voilà. On laisse passer du temps, on se partage le fric et adieu le Boiteux !

MARYLINE - Ça a l'air simple dit comme ça. Sauf que ça sert à rien de garder le fric !

JENNY - On ne sait jamais, on peut toujours essayer !

RITA - Je ne te voyais pas aussi cynique et aussi pragmatique, Jenny.

JENNY - Jeanne.

Noir.

Rita est seule à une table. Elle lit le journal.

RITA - Eh, Georges ! Ton pote Marcel, le conducteur de travaux, il est mort écrasé par un trente-huit tonnes. Tu te rends compte ? Ça doit faire mal ! Je viens de lire son avis de décès. Sa femme va enfin avoir les cornes qui vont tomber. C'était un sacré chaud lapin le gugusse ! C'est quand même triste, il n'avait que cinquante-cinq balais… Oh ! dis donc, le fils de la boulangère se marie ! Quand je pense que c'est moi qui l'ai dépucelé !

Entrée de Jenny.

JENNY - Salut Rita ! Ça va, je ne suis pas trop en retard ? Je suis crevée, ma poule, on s'est couché à cinq heures du mat'. Je ne te raconte pas la nuit que j'ai passée !

Rita pose les journaux et vient embrasser Jenny.

RITA - Avant de tout me raconter, rassure-moi, ça s'est bien passé ?

JENNY - Au final oui, mais ça a été épique !

RITA - Je veux tout savoir dans le moindre détail.

JENNY - Sers-moi un verre d'abord !

RITA - Tu veux quoi ?

JENNY - Un truc bien fort, j'en ai besoin.

Rita va derrière le comptoir lui servir ce qui peut être du cognac et se sert aussi par la même occasion.

RITA - Alors ?

JENNY - Déjà, Jacques n'a pas hésité une seconde quand je lui ai expliqué la situation. C'est vraiment mon héros, tu sais. Il n'y a pas beaucoup d'hommes ou de femmes qui feraient ce genre de chose par amour sans se poser de questions. C'est mon Jean Moulin à moi !

RITA - Tu reviens pas du maquis, non plus !

JENNY - Le maquis, les fourrés, ça me rappelle de bons souvenirs…

RITA - Tu peux enquiller, Lucie Aubrac !

JENNY - Tu permets ? Ensuite, on a retrouvé Maryline chez elle ; elle finissait de briquer son appart et essayer de ravoir son tapis vache. Je crois qu'elle va devoir s'en séparer. Tu sais ce qu'il a fait le gros Zach ?

RITA - Non, mais j'imagine que tu vas me le dire.

JENNY - Il a léché les plaies du Boiteux ! C'est un chat vampire, j'te dis, je suis sûre qu'il vient de Bulgarie !

RITA - De Roumanie !

JENNY - Ouais, c'est pareil, je confonds tous les pays de l'Est ; c'était la même chose avec les filles du trottoir, je ne les reconnaissais jamais ! Toutes blondes aux yeux bleus !

RITA - Et belles en plus !

JENNY - Avec leur accent pourri, je comprenais jamais ce qu'elles me disaient ! *(Imitant approximativement un accent de l'Est.)* « Tou as pas cent balles pou dépanner moi ? » Tu vois, je comprenais rien !

RITA - Quand elles voulaient vraiment se faire comprendre, elles savaient y faire, crois-moi !

JENNY - Pour la dope aussi, elles savaient demander !

RITA - Ça nous a tuées ça, la dope ! Quand elles étaient défoncées, elles cassaient les prix et nous derrière on ramait pour se faire respecter ! La pipe à dix balles, tu te rends compte ?!

JENNY - Pour ça, j'aurais dit oui à l'immigration choisie !

RITA - Ouais, que des moches boutonneuses !!!

JENNY - Bon, bref, tu veux savoir la suite ?

43

RITA - C'est bon, vas-y, continue !

JENNY *(mimant tout ce qu'elle dit en utilisant Rita comme cobaye)* - Oui, donc, Maryline finissait de nettoyer et ça commençait sérieusement à sentir la petite fille qui se néglige ! Avec Jacques, on a emballé le Boiteux dans une grande bâche, on l'a descendu dans les escaliers et on l'a mis dans le coffre de la voiture.

RITA - Ça me rappelle Rungis quand on ramenait la barbaque ! Il était tard ?

JENNY - Environ trois heures du mat'. On a dit à Maryline de rester chez elle. Elle était encore assez nerveuse.

RITA - La Maryline, c'est pas la reine du sang-froid !

JENNY *(mimant à nouveau, la vitre qui se baisse, etc)* - À deux bornes du chantier, barrage de police pour contrôle d'alcoolémie. On n'en menait pas large même si Jacques était clean. Au moment où Jacques file ses papiers au flic, je me rends compte que j'ai une grosse tache de sang au bas de ma robe. Je souris au flic comme si de rien n'était et je fais glisser mon sac sur la tache. Le flic n'a rien remarqué, il me matait les nichons.

RITA - Tes nichons, ils t'auront bien servi dans ta vie, toi !

JENNY - Ouais ! Et hop, hop, hop, on est repartis !

RITA - Le flic est une espèce parfois très con, non ?

JENNY - C'est l'avantage d'avoir l'air de gros bourges !

RITA - Ouais, la fin du délit de sale gueule, c'est pas pour demain ! Et comment vous avez fait sur le chantier ?

JENNY - Jacques a mis la bétonneuse en route, on a fait rouler Michel dans un trou et on l'a recouvert de béton.

RITA *(plaisantant)* - Vous avez fait un moule histoire de laisser un souvenir du Boiteux à Maryline ?

JENNY *(souriant)* - Même pas ! Jacques lui a coupé les mains et lui a défoncé la tête par précaution. Au cas où on le retrouve quand même et pour pas qu'on ait ses empreintes.

RITA - Tu connais le passé de Jacques ?

JENNY - Pourquoi tu me demandes ça ?

RITA - Je ne sais pas trop… Je trouve juste que pour un mec lambda, il est assez connaisseur pour faire disparaître les cadavres…

JENNY - Dis donc, c'est vrai ça… Je lui demanderai, tiens ! Bref, on est rentrés dans notre maison. On a brûlé les fringues qu'on portait dans la cheminée et comme tu veux tout savoir, une fois nus, on a fait l'amour devant le feu de cheminée comme dans « Amour, Gloire et Beauté », ma série préférée du matin.

RITA - J'aime mieux le télé-achat. Tu peux me dire pourquoi tous les programmes de qualité passent toujours au même moment ?

JENNY *(n'écoutant pas Rita)* - Si tu savais ! C'était intense comme au premier jour ! On s'est bouffé la bouche, on a…

RITA *(la coupant)* - Oui, ben, bon, ça va, j'ai compris !

JENNY - Oh ! fais pas ta prude !

RITA - Je ne fais pas ma prude, tu me fatigues avec tes histoires de cul, c'est tout !

Jenny - Oh là là ! T'es pas drôle !

Rita - Ouais, ben, c'est comme ça !

Jenny - Maryline t'a apporté le fric ?

Rita - Oui, hier. Je l'ai mis dans le coffre. Faut qu'on trouve une solution, d'ailleurs !

Jenny - Tu crois que ça pourrait intéresser la mafia russe de nous échanger les francs contre des euros ?

Rita - Non !

Jenny - La mafia roumaine ?

Rita - Là, peut-être… Tu crois vraiment qu'il y a encore des pays que les francs font rêver ?

Jenny - Même les pays pauvres, ça les intéresse plus… Où va le monde ? Je te le demande, hein, où va le monde ? Et un brocanteur albanais, il pourrait pas nous écouler tout ça ?

Moue dubitative de Rita.
Le téléphone retentit. Rita va répondre.

Rita - Le Saint-Sauveur, j'écoute. (…) Maryline ? (…) Quoi ? (…) C'est quoi encore ces conneries ? (…) Ouais, ramène-toi vite, tu m'inquiètes ! *(Elle raccroche.)*

Jenny - Qu'est-ce qui se passe ?

Rita - Ça sent l'embrouille ! Elle ne pouvait pas parler, elle a peur qu'on soit écoutées ! Tu le crois ça ?!

Jenny - Tu penses qu'elle a encore merdé ?

Rita - J'espère pas mais de toute façon il y a une couille dans le potage, ça je le sens !

JENNY - Tu veux que j'appelle Jacques ?

RITA - Pour quoi faire ? On ne sait même pas ce qu'il y a !

JENNY - Au cas où !

RITA - Au cas où quoi ? Tu veux prendre l'habitude de couler des mecs dans le béton pour réveiller ta libido ?!

JENNY - Ah ! ah ! Et pourquoi pas ?

RITA - Arrête de délirer cinq minutes, tu me feras plaisir !

JENNY - Bon, je fais quoi alors ? Je me tais ?

RITA - Très bonne initiative.

JENNY - T'as pas des magazines ?

RITA - Va voir dans la cuisine !

JENNY *(off)* - T'es sûre qu'il respire encore ton Georges ? *(In.)* Il est tout vert ! Il moisit à vue d'œil !

> *Jenny va dans la cuisine chercher un magazine. Pendant ce temps-là, Rita, inquiète, nettoie son comptoir d'une manière « hystérique ». Jenny revient avec le magazine et regarde Rita...*

JENNY - Tu vas avoir du mal à le décaper avec un simple torchon, tu sais !!! *(Rita, se rendant compte de ce qu'elle faisait, jette le torchon et pose ses deux mains sur le comptoir sans rien dire.)* Je peux savoir ce que j'ai encore dit qui ne va pas ? *(Rita ne dit toujours rien.)* Tu t'es bouffé la langue en frottant ou quoi ?!

RITA - J'ai un mauvais pressentiment…

JENNY - Ne te mets pas la rate au court-bouillon avant de savoir !

Rita - La dernière fois que j'ai ressenti ça, c'était quand on attendait les résultats pour Georges…

Jenny - Allez, viens et sers-moi un godet ! *(Elles s'assoient toutes deux de part et d'autre d'une table et commencent à feuilleter le magazine people.)* « Bélier : ne foncez pas toujours tête baissée, les lampadaires sont parfois traîtres… »

Rita - Tu déconnes, là ?

Jenny - Ben oui, enfin tu te dérides !

Rita - Regarde-moi cette imbécile de petite actrice merdeuse qui rêve de jouer une pute !!! Ça m'énerve ce fantasme de bourgeois de province !

Jenny - Pourquoi de province ? C'est super naze comme réflexion ! Comme si les bourgeois de province étaient pires que ceux de la capitale !

Rita - Tu me fatigues !

Jenny - Tu dis ça parce que j'ai raison.

Rita - Ouais, d'accord. Et sinon, elle veut faire quoi d'autre la petite comme rôles sympas ? Déportée à Auschwitz ?

Jenny - Tu me choques carrément, là, ma grande !

Rita - Désolée Jenny, j'ai zappé pour tes parents…

Jenny - C'est bon ! Mais le pire c'est que t'as raison : elle veut jouer Anne Frank !

Rita - Une blonde à gros seins qui a au moins trente balais, elle ne doute de rien !

Jenny - Elle sort avec un sacré beau spécimen de singe, en tout cas ! T'as vu tous ses poils ?

RITA - J'aime bien les mecs tapissés comme ça…

JENNY - Moi, pas trop en fait… Je les préfère limite imberbes, tu vois.

RITA - Dans mes souvenirs, Jacques est pourtant poilu, non ?

JENNY - Il se fait épiler chez mon esthéticienne. Il le fait pour moi.

RITA - Tu ne veux pas lui faire mettre des implants mammaires non plus ?!

JENNY - Tu comprends rien à l'esthétisme.

RITA - Ça doit être ça !

Entrée en trombe de Maryline.

MARYLINE - Salut les filles ! Je ne suis pas porteuse de super nouvelles !

RITA - On s'en doutait un peu.

JENNY - Qu'est-ce que tu as encore fait ?

MARYLINE - Je n'ai rien fait, c'est la tuile, c'est tout !

RITA - Bon O.K., alors raconte.

MARYLINE - Vous vous rappelez quand Michel a dit qu'il pensait qu'il était suivi par les poulets ?

JENNY - Ouais, on s'est foutu de sa gueule, même.

MARYLINE - Ben, c'était vrai.

RITA - Je le sentais ! Je le sentais !

MARYLINE - Un des flics qui était en planque est venu sonner chez moi. Il m'a demandé où était le Boiteux parce

49

qu'il ne l'avait pas vu sortir. J'ai dit que j'étais partie faire des courses et que quand j'étais rentrée, il n'était plus là.

JENNY - Il a dû nous voir avec le rouleau de viande…

MARYLINE - Je crois pas. Je les renifle de loin, moi, tu sais. Le hic, c'est qu'ils l'ont vu ici l'autre jour. Ils envoient un inspecteur qui doit passer dans pas longtemps pour nous interroger. Évidemment, je ne sais pas pourquoi ils le suivent et ce qu'ils lui veulent.

RITA - Donc l'inspecteur en question peut débarquer à n'importe quel moment, c'est ça ?

MARYLINE - Ben ouais et je ne sais pas à quoi il ressemble parce que c'est pas le bleubite que j'ai vu qu'ils nous envoient.

RITA - Faut vite réagir. Bon, l'autre fois, on faisait une réunion d'anciennes collègues, O.K., et ce soir pareil. Après, je crois qu'on improvise ! Pas un mot sur le reste, O.K. ?

JENNY - O.K. mais je mens super mal.

RITA - Tu mens parfaitement bien à ton mari, à tes enfants, à tes amies, alors arrête ton char !

MARYLINE - Je reste, alors ? Ça ne va pas faire bizarre ?

RITA - On a qu'à dire qu'on se voit une fois par semaine pour dîner ensemble. Sans preuve, ils ne peuvent rien contre nous. Alors pas d'impair !

MARYLINE - J'ai un coup de chaud, là, d'un coup. Je peux avoir une mousse ma poule ?

RITA - Ouais. Tu veux quoi, Jenny ?

JENNY - Rien, merci, je veux garder les idées claires.

MARYLINE - C'est pour moi que tu dis ça ?

JENNY - Mais pas du tout ! Je ne suis pas toujours en train de faire des sous-entendus ! C'est toi qui es parano !

MARYLINE - Faut quand même dire que j'ai de quoi l'être en ce moment.

Un homme frappe à la porte d'entrée. C'est le portrait craché de Michel mais élégant. Il entre sans attendre. Les trois femmes se regardent, stupéfaites. Maryline tombe dans les pommes, soutenue par Rita et Jenny qui la relèvent doucement. Mais elles n'en mènent pas large non plus. Rita attrape une bouteille comme si elle allait assommer l'homme.

JENNY *(chuchotant à l'attention de Rita)* **-** Dis-moi que c'est pas possible !

RITA *(chuchotant également)* **-** C'est pas moi qu'a vu le mort en dernier…

VICTOR - Bonjour ! Je n'ai pas l'habitude de faire cet effet-là aux dames !

JENNY - Vous lui rappelez un vieil ami.

RITA - On est fermé !

VICTOR - Victor Delande, inspecteur à la Criminelle.

RITA - C'est pour quoi ?

VICTOR - Une disparition.

RITA - En quoi ça me concerne ?

VICTOR - En fait, ça tombe bien que vous soyez toutes les trois réunies car j'ai des questions à vous poser.

Jenny - Vous nous dérangez en pleine soirée filles, monsieur l'inspecteur.

Victor - J'en suis désolé mais le devoir n'attend pas. *(À Maryline.)* Vous allez mieux, mademoiselle ?

Jenny - Madame serait sans doute plus approprié.

Maryline - Oui, monsieur, enfin inspecteur. Excusez-moi.

Victor - Mesdames, je suis à la recherche de Michel Renucci dit le Boiteux. Vous le connaissez ?

Rita - Un peu qu'on le connaît, c'était notre mac il y a quinze ans.

Victor - Il a disparu.

Rita - Ça alors ! On l'a vu il y a de ça même pas une semaine. Il est passé nous dire un petit bonjour, il sortait de taule !

Maryline - C'est d'ailleurs incroyable comme vous lui ressemblez physiquement ! Ça m'a fait un choc quand vous êtes entré.

Victor - Il paraît. C'est ma croix, comme on dit. J'aurais préféré être le portrait craché d'un grand sportif ! Mais bon, on ne choisit pas son physique.

Jenny - Vous ne boitez pas, c'est déjà ça !

Victor - Exact ! J'ai toutes mes jambes !

Rita - Vous en avez plus de deux ?

Victor - Non, pourquoi ?

Rita - Je demandais, c'est tout…

VICTOR - Donc vous n'avez pas revu Michel dit le Boiteux depuis ?

MARYLINE - Moi si, il est venu chez moi après, comme au bon vieux temps, et comme je le disais à votre collègue, je suis sortie faire une course et à mon retour il était parti. Depuis, plus rien.

VICTOR - C'est ennuyeux, il nous servait d'indic. Il était en relation avec une grosse famille dont le chef était en prison avec lui. J'espère qu'ils ne l'ont pas appris. Ça nous arrangerait pas, ça…

MARYLINE *(minaudant)* - Je comprends, c'est pas facile d'obtenir des infos pour arrêter les méchants…

VICTOR - En plus on était sur le point de savoir qui était la nouvelle tête pensante du groupe : un certain Jacky.

RITA - Jacky, vous dites ?

VICTOR - Ça vous dit quelque chose ?

RITA - Non, pas vraiment… Vous savez à quoi il ressemble ?

VICTOR - Incolore, inodore, c'est là problème ! On connaît juste son surnom : Jacky le découpeur.

MARYLINE - C'est horrible comme pseudo !

VICTOR - La légende dit qu'il a la fâcheuse habitude de trancher les mains et la tête de ceux qui se mettent en travers de son chemin.

JENNY *(anéantie)* - Les mains et la tête…

Regard lourd de sens de Rita sur Jenny.

Rita - Vous croyez qu'il a fait éliminer le Boiteux ?

Victor - Avec les truands, tout est possible.

Jenny - C'est affreux !

Rita *(bas, à Jenny)* - N'en fais pas trop non plus…

Victor - Mais rien n'est sûr, sa disparition est récente. Il ne faut pas dramatiser.

Jenny - Oui, bien sûr, ça ne sert à rien de s'inquiéter plus que de raison. Il est peut-être parti en vacances. Quinze ans enfermé, j'imagine qu'on a envie de prendre le large.

Maryline - Il a toujours aimé la mer, la nature. Lui qui a grandi dans le béton !

Rita - Euh… oui, c'est sûr qu'il y a plus sympa que le béton ! On est tous pareils, hein, on veut tous ce qu'on n'a pas !

Victor - Oui, c'est vrai. Vous savez qu'il était tombé pour une arnaque ? Il n'a jamais voulu nous dire si les filles étaient ses complices…

Rita - En tout cas, moi, je n'étais pas au courant. Et vous les filles ?

Jenny - Moi non plus.

Maryline - Pareil.

Rita - En même temps, on n'était pas seules à faire partie de son cheptel. Les derniers temps, il avait engagé pas mal de filles de l'Est.

Maryline - Oui, c'est vrai ça… Des Moldaviques ou des Tukistanaises, des pays qu'on sait même pas qu'ils existent ! *(sic)*

Jenny - Et ces filles-là, je me souviens, elles étaient vraiment prêtes à tout. Elles acceptaient des trucs invraisemblables avec certains clients.

Victor - De toute façon, je ne suis pas là pour cette histoire mais pour remettre la main sur le Boiteux.

Jenny - On aimerait pouvoir vous aider, inspecteur, mais vous savez, on est passées à autre chose depuis… On est déconnectées du milieu.

Victor - Sauf vous Maryline, si j'ai bien compris.

Maryline - Oui, malheureusement…

Victor - Qu'est-ce qui vous empêche d'arrêter ?

Maryline - Oh ! vous savez, je suis seule, je n'ai pas d'argent… Comment voulez-vous que je change de « carrière » maintenant à mon âge ?

Victor - Vous êtes bien défaitiste.

Maryline - C'est la vie qui m'a rendue comme ça…

Victor - Si on veut, on peut, j'en sais quelque chose, croyez-moi !

Maryline - Je n'ai plus l'énergie nécessaire pour repartir de zéro.

Rita - Oui, bon, inspecteur, si on a la moindre information concernant Michel on vous contacte.

Victor - Prenez ma carte ! *(Il tend sa carte à Jenny, Rita et Maryline. À Maryline.)* Et si je puis me permettre, appelez-moi si jamais vous avez envie de parler. *(Aux trois femmes.)* Et encore désolé de vous avoir dérangées, mesdames. *(Il sort.)*

Les trois femmes, sous le choc, se laissent tomber en même temps sur leurs chaises et restent muettes quelques secondes.

MARYLINE - Quel bel homme ! Et gentleman en plus…

JENNY - Quel bel homme ? C'est le clone de Michel !!!

MARYLINE - Ben, oui, Michel était bel homme, vous pouvez pas dire le contraire.

RITA - Tu arrêtes ça tout de suite, je te vois venir à des kilomètres. Tu l'oublies immédiatement ce type, ce n'est que des emmerdes en perspective. Tu ne le rappelles pas, O.K. ?

MARYLINE - Mais je ne dirai rien…

RITA - Tu promets !!!

MARYLINE - Oh ! mais c'est peut-être l'homme de ma vie !

JENNY - Ça m'étonnerait ! Et tu sais très bien comme nous toutes ici que ce ne sont pas les plus propres sur eux qui sont les plus respectables. Rita a raison : déconne pas avec ça, Maryline.

MARYLINE - C'est facile pour vous de dire ça. C'est peut-être une chance pour moi de changer de vie. Il connaît mon métier et il a l'air de s'intéresser à moi, ce n'est pas tous les jours que ça m'arrive.

RITA - Justement, c'est peut-être un stratagème pour avoir des infos. Je ne suis pas sûre qu'il ait gobé ce qu'on lui a dit. *(À Jenny.)* Et ton Jacques ?

JENNY - Quoi, mon Jacques ?

RITA - Ce serait pas Jacky le découpeur, par hasard ?

JENNY - Qu'est-ce que tu vas imaginer ? Il n'y a pas plus « tisane-charentaises » que Jacques !

RITA - Ouais, ben, ton pépère n'hésite pas beaucoup à trancher dans le lard, quand même !

JENNY - Si tu as raison, faut que j'arrête de le tromper, ça risque de l'énerver s'il l'apprend, tu crois pas ?

RITA - Si tu veux continuer à porter des bagues, ça vaut mieux, en effet !

MARYLINE - Je comprends rien à ce que vous dites ! Quel rapport entre Jacques et l'autre gros bonnet ?

JENNY et RITA - À ton avis ?

MARYLINE - Non ?! Trop fort ! Si je peux vous dire ma pensée, je crois vraiment qu'on ne risque plus rien…

JENNY - C'est vrai que tu as prouvé que tu avais un flair infaillible.

MARYLINE - Je te casserais bien les dents mais j'ai décidé de me conduire en dame.

JENNY - Whouah !!! Il y a du boulot mais je te souhaite bon courage !

RITA - On n'a plus qu'à croiser les doigts…

MARYLINE - Et prier sainte Rita ! Patronne des causes perdues, priez pour nous !

Noir.

On retrouve Rita et Jenny, un an après. Elles sont accoudées au bar.

JENNY - Je suis désolée pour Georges.

RITA - Il est mort trois semaines après la réapparition du Boiteux. Un an qu'on s'est pas vues, ça passe ! Faut au moins qu'on se fasse un petit dîner chaque année ! Tu sais, Caro vient d'avoir des jumeaux et je signe demain la vente du Saint-Sauveur.

JENNY - Tu vas aller où ?

RITA - En Vendée, respirer l'air iodé de l'Atlantique !

JENNY - Et nous, on vient d'emmener ma belle-doche dans LA maison de retraite…

RITA *(riant)* - C'est pas vrai ?! Elle va dormir sur la tête du Boiteux dis donc !!! Et Jacques, tu lui as parlé ?

JENNY - J'ai essayé et tu sais ce qu'il m'a dit ? « Tu as vu nos sculptures à la maison, mon poussin ? »

RITA - Et alors ?

JENNY - Ben, on n'a que des mains et des têtes…

Entrée de Victor et Maryline. Victor entre à peine.

VICTOR - Bonsoir mesdames. Je vous dépose juste ma bien aimée et je vous laisse entre vous pour votre soirée pyjama ! *(Il sort.)*

MARYLINE - Salut les filles !

JENNY - Tu es resplendissante, ma cocotte !

MARYLINE - Je suis heureuse… Il m'a demandé ma main…

JENNY - Ta main, bien sûr…

RITA - Pas de confidences sur l'oreiller s'il te plaît…

MARYLINE - Et j'ai une bonne nouvelle…

JENNY - Ça change ! On t'écoute !

RITA *(à Maryline)* - T'as réussi ?

JENNY *(à Rita)* - T'es au courant, toi ?

RITA - Ben oui, c'était dans mon coffre…

MARYLINE - Je peux parler, oui ?! Donc j'avais un bon client à la Banque de France qui pouvait pas trop refuser de me rendre un service si vous voyez ce que je veux dire…

JENNY - Et ?

Maryline pose un tout petit sac sur la table.

MARYLINE - Et voilà !!!

JENNY *(ouvrant le sac et regardant à l'intérieur)* - C'est un peu décevant…

RITA - Normal, c'est des euros !

MARYLINE - Aux bitumeuses !

RITA, JENNY et MARYLINE *(ensemble, comme un cri de guerre, en marchant comme des majorettes)* - « Les bitumeuses ! On y va au charbon, on n'est pas paresseuses pour toucher le pompon ! Les bitumeuses, on est des filles de joie, on est des caresseuses, on n'laisse personne de bois ! »

Elles rient.
Noir

AVIS IMPORTANT

Cette pièce de théâtre fait partie du répertoire de la Société des Auteurs et Compositeurs Dramatiques, 11 bis rue Ballu 75442 PARIS Cedex 09. Tél. : 01 40 23 44 44. Elle ne peut donc être jouée sans l'autorisation de cette société.

Nous conseillons d'en faire la demande avant de commencer les répétitions.

Imprimé à la demande par Books On Demand GmbH, Bad Hersfeld, Allemagne

Première édition, dépôt légal : octobre 2007
N° d'édition : 200750
ISBN : 978-2-84422-602-0